COMPTE RENDU AUX FRANÇAIS SUR LA PAIX.

Présenté à Sa Majesté NAPOLÉON BONAPARTE, Empereur des Français, à son arrivée, en Juillet 1807 ;

PAR DERUBIGNY-BERTEVAL,

Ancien prisonnier d'État, Auteur de plusieurs ouvrages en faveur du Gouvernement,

ET

TANNEUR DE LA VILLE DE PARIS.

A PARIS,

Chez l'Auteur, rue Censier, faubourg S.-Marceau, n°. 14; et chez les Marchands de Nouveautés.

1807.

COMPTE RENDU

AUX FRANÇAIS

SUR LA PAIX.

SIRE,

Voilà donc le moment, tant désiré, arrivé où vous allez vous occuper du salut de l'Etat. Vous allez reprendre vos fonctions importantes tendantes au bonheur général de la nation. Chacun dans leurs foyers, ils vont jouir en paix du sort que vous leur assurez. Vous ne les laisserez pas plus long-temps souffrir le poids de la révolution et d'une longue guerre. Peu à peu les grands maux de l'E-tat vont se diminuer, qui depuis long-temps ac-cabloient le peuple et le plus beau des gouverne-mens de l'univers. A tous les désordres et aux maux vous allez, Sire, apporter un grand remède pour la prospérité de l'Empire. Tels sont les de-voirs sacrés où le peuple vous a placé. Votre pen-sée, votre âme sont enflammées du désir de faire prospérer le commerce de la France. Les senti-mens de votre justice sont connus. Hélas! bien-tôt, Sire, la France oubliera la révolution la plus sentie, elle va se changer en bonheur, vous lui apportez vous-même l'olivier de la glo-rieuse paix que vous leur avez promise. Après vos campagnes et vos infatigables travaux à la tête des armées, où vous avez déployé tout le cou-rage du plus grand des héros dont le ciel a été té-moin. Voilà le crêpe révolutionnaire déchiré par le plus grand des monarques. Partout vous avez battu les ennemis de l'Etat qui l'avoient si bien mérité; ils s'opposoient à notre révolution qui n'avoit rien de commun à leur administration. La France sage et tranquille s'en tenoit aux bornes de son ter-ritoire. Les ennemis mécontens de la France, leur patrie, se sont enrôlés, se sont émigrés, folle-ment ils ont été s'expatrier, soulever toutes les puissances contre le repos de la France. Eux-mêmes ont porté les armes contre leur patrie. La nation française, inépuisable en ses ressources comme en son courage, à tant de menaces et de préparations contre elle s'est défendue, a été punir l'étranger de ce forfait, ainsi que les émigrans; tous furent punis de leur désertion. Les lois de l'Etat défendent l'émigration des rois et des princes et de tout sujet pendant une calamité publique; de ne pas abandonner par le roi le royaume ni le peuple, réduit à l'oppression et à la plus affligeante misère, où tous les Français ont souffert; le commerce mutilé par les besoins; le maximum, le pillage des propriétés sacrées, les temples pillés, détruits, volés, dévastés pour soixante à quatre-vingt millions. Que faisoient ces temples, ces églises, ces presbytères ? la fondation du pain assuré au malheureux et à la vieillesse; ils sont les délaissés; plus d'hôpitaux; une famine les a menacé, voilà les échantillons que les ennemis de l'ordre ont causé. A tant de maux qui ont déplu au ciel, plusieurs fois, comme a dit le célèbre Pline, le ciel en feu parsemé de langues et nuages de feu étoit un présage de la colère de Dieu. Chacun a vu ce phénomène comme des éclipses, etc. etc. A tant de maux le hasard ou le bonheur a procuré au royaume de France Bonaparte, qui dans les hautes conceptions d'idées étoit connu pour le sauveur de la France. Le Directoire l'a écarté, l'a envoyé en Egypte; quoi y faire? voyage de 45 à 50 millions et la perte d'hommes. Bonaparte apprend que la France est menacée, quitte son poste et se rend en France. On lui confie les rênes du gouvernement; le voilà couvert d'honneur et de gloire. Il a fait un serment à la patrie de ne pas l'abandonner. Le roi, la famille royale, les princes, les grands de toutes les classes se sont sauvés; ils ont laissé à l'abandon de la justice, tout le peuple français qui s'est reconstitué de nouveau sous les auspices de Bonaparte, notre empereur. Les églises fermées, pillées, plus de religion, plus de mœurs. M. Derubigny-Berteval, ancien administrateur de la paroisse de Saint-Médard, faubourg Saint-Marceau, à Paris, le 5 floréal an 2, sortant de sa prison, seul, sans permission, fit ouvrir l'église de sa paroisse, lui seul l'a sauvée du vandalisme, a couru tout Paris, s'est servi d'excellens prêtres qui sont restés fidèles à l'église; ils ont rebéni l'église, et ont repris les instructions, l'office. Plusieurs prélats, évêques de Paris et autres sont accourus y prêcher la foi, l'évangile, consoler les pauvres. Tout-à-coup les prêtres émigrés pardonnés sont venus chasser ces prêtres, etc. etc. et ces derniers arrivés ont oublié les bons soins de M. Derubigny-Berteval. Il a dans son canton fait de son mieux pour rappeler la tranquillité; car sans mœurs, sans religion, sans justice point de gouvernement. Derubigny-Berteval seul est le premier qui ait eu le courage de déménager, de renvoyer de Saint-Médard cette société de Théophilantropes, etc. Les détails seroient trop longs. Quel fut le désordre et le brigandage du règne des fripons, des voleurs, émigrans, tous ennemis de l'ordre social, de l'Etat et de la religion. Dissolution des mœurs et du bon esprit de patrie, le peuple devenu plus malheureux, couvert de haillons et sacrifiant ses enfans pour défendre la patrie, pour punir les ennemis qui l'avoient plongée dans la plus affreuse misère. A quoi le gouvernement doit porter ses vues pressantes. Cette situation déplorable est arrêtée par l'illustre et chéri Bonaparte, empereur des Français. L'arbre, l'olivier de la paix va être embrassé de tous les bons Français, qui avoient cherché un sauveur. Le vengeur de la France, Bonaparte, a déployé son génie, son courage, nous en sommes tous témoins qu'il va s'occuper à réparer les maux de la guerre et ceux du peuple, en le soulageant dans les impôts, fardeau tant réclamé par tout l'empire. Il est de toute justice de décharger, de rétablir, protéger le commerce qui est aux abois, etc. etc. Bonaparte lui seul a plus fait que le Directoire. Un Schérer, ministre de la guerre, s'étoit arrogé le droit des fournitures pour cinquante millions. La représentation nationale ne se mêloit de rien, pas un seul volume ne s'imprimoit pour corriger les abus et présenter des plans de régénération; tel étoit pourtant le devoir du Corps législatif. Qu'ont-ils fait les Tribuns surveillans, créés pour tous les détails dont ils sont tous peu occupés ? Bonaparte a recréé, combattu victorieusement tous les désordres pour ramener l'unité. Le peuple s'applaudit de lui avoir désigné le trône pour être le libérateur, le vainqueur, par tous ces moyens à lui connus. Honorer le courage et la vertu dans toutes les conditions, terrasser les hommes faux qui tendent aux crimes, qui désolent la nation, l'humanité ; ce sont les vers rongeurs du corps politique. Que chacun remplisse ce devoir de dénoncer tous les hommes qui refusent de rendre la justice quand il y a preuve qu'elle est due et qu'on la refuse.

Enfin, Sire, il a fallu à la nature, dès le moment de votre naissance, que vous soyez privilégié pour obtenir des caresses du ciel, pour avoir obtenu tant de prodiges, et je dirai qu'il a fallu des siècles entiers pour produire un homme aussi courageux pour faire le bonheur des Français. Votre patrie heureuse de s'être formé un génie plein de hautes conceptions et d'idées heureuses et extraordinaires pour le bonheur de la France. Hélas, Sire, vous vous êtes chargé comme un père de famille envers ses enfans du poids immense de l'administration des affaires publiques du royaume et de celui de la guerre. Vous avez réduit les ennemis de l'Etat à l'obéissance, à la paix glorieuse ; partout vous avez porté l'effroi et la terreur par votre génie et votre courage. Vous seul avez tout fait et avez rétabli le calme, l'ordre, la paix, les mœurs. Quoique vainqueur plusieurs fois, vous ayez eu la grandeur d'âme de présenter aux ennemis l'olivier de la paix ; tous vous l'ont refusé. Brave d'honneur et de courage, vous vous êtes montré toujours en héros. La justice, la modération furent toujours dans tous vos principes. C'est par votre génie et vos lumières que vous rétablirez l'harmonie dans tous les empires, fatigués des pertes et fatigues de la guerre : vous seul y avez mis fin, etc.

Les cœurs les plus ulcérés sont devenus ravissans de la paix, si glorieuse pour la nation française ; et l'espérance d'un bonheur à venir est un baume de consolation pour le malheureux. La paix ! la paix tant soupirée par tous ces respectables pères de famille qui vont voir la bannière de la paix si glorieuse, si méritante, si longuement désirée ; cet olivier de paix planté au milieu de la plus grande ville du monde, tous les Français, fatigués des monstruosités de la guerre, qui détruit les peuples.

J'ai déjà imprimé le projet d'une paix perpétuelle : chaque nation ses limites une fois reconnues sans violation, chacun se retirera dans ces limites comme le cultivateur fidèle conserve les limites sacrées de son champ. Voilà une vérité sans réplique ! Que chaque nation soit sacrée, s'occupe de son bonheur ; ils sont tous les enfans égaux et communs de Dieu, qui est le premier ministre qui commande la sagesse.

Dieu veut qu'il y ait des chefs d'Etat revêtus du pouvoir suprême de la volonté des peuples. Les rois, les ministres ne sont rien plus sur la terre que les lieutenans de Dieu, pour faire exécuter la volonté générale pour le bien commun de tous. Telle est la volonté de l'Être-Suprême qui veut que tout soit conduit pour le bien de tous. Dieu créa l'homme pour être heureux ; il imprima dans son âme les règles de la vie. C'est une honte de l'espèce humaine de corrompre la volonté suprême. L'amour du bien, celui de la patrie doivent régner pour le bonheur public. Telle doit être la gloire de tous les hommes moraux, qui ne doivent concourir qu'à l'établissement du bon ordre, de la sagesse, à la félicité publique et à celle de l'économie. Hélas, Sire, combien il faut de grandes vues pour présider au sort heureux des peuples. Telles sont les grandes obligations et les devoirs rigoureux de tous les ministres de Dieu, et de la justice. Hélas, Sire, devenez le modèle des bons rois comme Louis XII et beaucoup d'autres. Que les ruisseaux de sang ne coulent plus; la destruction de l'espèce humaine, Dieu défend de la détruire; ils sont tous utiles au besoin public, en inspirant la véritable éducation, si précieuse, qui rend la vie douce et agréable à Dieu.

Tous ceux morts à la défense de la patrie méritent notre reconnoissance; tous ces chefs et ces héros doivent être pleurés; ils sont morts pour la patrie en scellant la paix.

Sire, par des traités glorieux vous allez rendre le peuple heureux et tranquilliser la jeunesse; la population est retardée pour mettre en valeur plus de douze cent mille arpens de terre qui sont restées à défricher, sans compter les dessèchemens des marais, tous les canaux à ouvrir; rendre le peuple heureux sans être assassiné par les calamités affligeantes des guerres désastreuses, ruineuses pour tous les empires, frères et amis, tous enfans du Père éternel.

Les lignes de démarcations des nations ne donnent aucun pouvoir de leur faire la guerre. Ces haines, sans doute, vont cesser; la bonne éducation, l'étude du bonheur public va devenir un flambeau de lumière qui rejaillira sur toutes les nations amicales. Le poids énorme des impôts que le désordre a causé, en abus, en gaspillage, défaut d'économie sous l'ancienne Cour, tout va disparoître sous le règne du grand Napoléon ; les pensions extraordinaires, le désordre, peu d'économie qui absorboit et ruinoit le trésor public, vérité connue de ceux qui tiennent les nouvelles rênes du gouvernement. Le revenu de l'Etat ne se tire que du produit du commerce et de l'agriculture, ces deux seules mamelles nourricières du revenu public, si peu protégé par le défaut de lumières, d'ordre, d'économie. Le commerce est perdu, j'en appelle aux témoignages de toutes les villes, de tous les bons négocians et de tous les ports de commerce, et plus de toutes les chambres de commerce. Demandez leur rapport, on verra la vérité.

Ce sera avec les bonnes vues d'ordre, de sagesse et d'humanité que le peuple francais espérera de recouvrer son bonheur, moyen d'aimer son souverain, de l'immortaliser ; c'est par vos lumières, votre prudence et votre modération et la noble jouissance de la multitude de vos victoires, Sire, si rapides, que vous allez faire cesser les maux publics, ordonner la justice la plus sévère, qui ne se rend pas à un chacun ; qu'il leur soit permis d'observer, dénoncer, citer sans frais les gens de mauvaise foi qui refusent la justice : j'ai à m'en plaindre, etc. etc.

Le bon ordre, en se rétablissant, rétablira les bonnes mœurs, la confiance publique ; le commerce, les arts refleuriront de toutes parts à l'ombre du laurier français ; le fléau meurtrier de la guerre cessant, ranimera tous les sentimens d'humanité qui reprendront leurs droits ; la justice se rendra. Que d'actions de grâces à rendre au Père éternel, maître de tout.

Vous êtes, Sire, le pacificateur de l'Europe, l'ange tutélaire de la France, le réparateur des calamités. Tels sont les plus grands mérites que vous puissiez attacher à votre gloire ; c'est un triomphe rare et public qui vous est dû par votre génie, votre courage, par vos hautes idées si bien conçues ; tout est magnanime dans vous-même. Depuis le moment, Sire, que j'ai eu le bonheur de vous connoître au commencement de la révolution, déjà où vos conceptions de grandes idées se faisoient connoître, la foudre de la guerre, siéges et batailles ont développé votre courage. Personne ne peut se refuser de chanter vos victoires, en nous apportant l'olivier de la paix au milieu de nous tous. Vous êtes le père paternel qui venez au milieu de nous ; vous nous apportez sa grande consolation de joie qui va faire le bonheur de la patrie. Après ce triomphe de gloire que vous avez acquis contre les ennemis de l'Etat, qui seuls

avoient apporté les grands troubles à notre révolution, qui ont fait armer des Français contre
leur patrie, que l'accolade fraternelle soit donnée
par tous les Français. Des millions de voix ne
suffiront point pour chanter nos victoires tous
les matins, et les chefs des armées méritent nos
éloges et notre reconnoissance ; ils vont rentrer
dans leur patrie ; toutes les églises de France,
par ordre de l'Empereur et du conseil des évêques, doivent ordonner un jour consacré à la
piété, au devoir de la religion pour un office
solennel pour tous les martyrs et guerriers de
l'Etat, morts à la défense du royaume.

Tels sont les devoirs et les obligations du peuple français. La veille de ce jour consacré, il y
aura vêpres et matines ; toutes les âmes sensibles
doivent s'unir aux prières publiques, défendant
tout travail.

Les campagnes ne deviendront plus désertes, la
joie, les divertissemens reprendront leur ancienne
habitude. Quel bonheur d'élever leurs enfans
dans le sein de la paix ; que les ravages des guerres
ne viendront plus moissonner cette belle jeunesse. Chacun va essuyer ses larmes, en attendant
du soulagement sur les impôts, trop multipliés,
qui appauvrissent tous les Français.

Je ne craindrai pas, Sire, d'abuser du temps

précieux que vous donnez aux devoirs publics , ce
dont je me suis occupé toute ma vie. C'est la
prière que j'ai l'honneur de vous adresser pour le
soulagement du peuple tant opprimé.

Nos ennemis n'ont cessé de nous faire per-
dre notre crédit, notre courage, de refuser de
nous reconnoître. Il a fallu un Napoléon roi et
empereur pour faire respecter notre territoire, et
notre gouvernement qui s'est élevé à la hauteur
du premier des empires. Toujours il a noblement
fourni à la défense et au secours d'hommes. Le
vainqueur Napoléon a fait un si bon usage des
forces à lui confiées pour la défense de la patrie ;
il n'en a pas abusé ; c'est à son zèle, à son honneur, à son courage et à sa fidélité que nous de-
vons tant de reconnoissance.

Lors de la conquête de l'Italie, j'ai éclairé le
Directoire d'une découverte bien intéressante qui
fut cédée à la France, de 8 à 10 millions. Barras
et ses associés, trois directeurs, n'ont pas daigné
me remercier. A cette époque le gouvernement
me doit encore ; je devois être payé. Rien, rien, les
8 à 10 millions ont passé au profit de ***. Telle
fut la récompense de mon zèle ordinaire.

Tous les Français réunis n'ont fait qu'un seul
vœu de remercîment au Ciel sur l'heureux re-
tour de l'empereur et roi des Français au milieu

d'eux. Ils ont regardé cela comme une récompense et un bonheur pour la France que l'Empereur lui-même ait rapporté le glorieux olivier de la paix, qu'il avoit promis aux Français. Quel impatient désir de la paix pour le bonheur et le repos des Français, tant fatigués !

L'absence si longue de l'Empereur étoit une espèce de calamité tendante à l'oubli et à diverses désorganisations dans l'ordre social, et celui du commerce aboli.

Combien d'abus se sont commis contre moi ? Pour ma part diverses réclamations qui demandent *punition* des délinquans et justice de Votre Majesté; vous la devez au peuple souverain resté fidèle à la patrie : la joie de revoir au milieu d'eux un chef, un souverain qui veut que tout soit dans l'ordre et l'économie pour le bonheur de tous, que la justice soit rendue à chacun.

Enfin — Liberté des mers ! vous allez réclamer, Sire, sur la destinée des intérêts des Français. Le bon exemple d'une justice sévère rendue par le plus grand héros de l'Europe. Ce siècle ici va jouir de ce droit et de son bonheur.

Quoi ! Napoléon a traversé les mers, il a franchi tous les obstacles insurmontables; privations, siéges et batailles, couvert de gloire par ses conquêtes, il eut la grandeur de sentiment envers ses ennemis de leur proposer la paix en désintéressé. De cette espèce, il a montré à l'Europe entière qu'il vouloit plutôt le rétablissement de l'ordre que la guerre qui détruit les peuples si nécessaires.

Les circonstances impérieuses des ennemis ont forcé la nation française d'armer pour punir les traîtres et les émigrés qui ont porté les armes contre la patrie. Loi d'une nation barbare n'a donné aucun succès à leur allié d'alors. La révolution de France avoit un but de réformer les abus de la Cour, de montrer l'ordre et l'économie des deniers publics, payés par le peuple, somme destinée toujours pour les besoins de l'Etat et l'entretien des troupes, etc.

L'excès des pensions payées par l'ancienne Cour, plus de moitié inutiles; à tant de maux il a fallu apporter un remède. Au milieu du gaspillage, où des femmes sans pudeur étoient restées à la Cour sans mœurs et sans religion, sans économie du tribut du peuple, amassé de leur bras laborieux.

Point ou peu de stabilité dans le gouvernement d'alors; le parlement faisoit des remontrances au roi; on faisoit des exils; le dernier fait à Troyes par menace du comte d'Artois, est connu de tous les hommes instruits. La Cour se révolta; cependant

Louis XVI lui-même convoqua l'assemblée des no-
tables, voulant, disoit-il, être entouré et au milieu de son peuple. La nation, les divers parle-
mens, tout étoit instruit du désordre de la Cour,
et aussi on les exiloit, on les punissoit ; tels
étoient les abus.

Hélas ! sans doute qu'en ce moment de paix, et
devenus plus sages, une nouvelle régénération promise par l'empereur, et d'ordre va rendre le peuple
heureux. C'est l'attente du plus grand des héros.
L'histoire va sans doute décrire les hauts faits
éclatans et les traits héroïques et les vertus que
l'Empereur a acquis pour le bonheur de la
France, qui vont rejaillir sur toutes les parties
souffrantes du commerce, etc.

Si on n'a pas fait la condition dure et juste que peut
mériter Alexandre, empereur de Russie, voici ce
que je propose d'exiger *gratis* et annuellement.
C'est encore un de mes travaux pour ma patrie, etc.

Nous avons grand besoin ,

Annuellement la France paie à la Russie,

5 millions de chanvre pour notre marine.

4 millions de mâts pour notre marine.

5 millions de suif pour nos besoins, etc. etc.

—————

14 millions demandés *gratis ;* conditions très-
douces en dédommagement des frais que la Russie
nous a occasionnés d'armer.

P L U S , exiger

<table>
<tr><td rowspan="4">Qui
nous
manque
en
France.</td><td>40,000 peaux de vache en poil, sèches ou salées, à livrer à la France épuisée.</td></tr>
<tr><td>20,000 peaux de vache tannées sans être corroyées.</td></tr>
<tr><td>20,000 peaux de veau en poil, sèches ou salées; besoins pressans exigent le tout.</td></tr>
</table>

Et autres objets qui nous occasionnent en dépenses d'équipage et d'armement pour ces objets seuls.

[illegible] Silbernes [illegible]
[illegible]
[illegible]
[illegible]